Sacimata Musil

„Wabi Sabi"

Den Augenblick wertschätzen

AF285781

Sacimata Musil

„Wabi Sabi"

Den Augenblick
wertschätzen

Ein Erbauungsbuch

Bibliografische Information
der Deutschen Nationalbibliothek:
Die Deutsche Nationalbibliothek verzeichnet diese
Publikation in der Deutschen Nationalbibliographie;
detaillierte bibliographische Daten sind im Internet
über <httpl.dub.d.n6.de > abrufbar

Umschlaggestaltung von Sacimata unter Verwendung
eines WELEDA - Kalenderblattes 2009 und einer Vi-
gnette „Kopf eines Buddha mit Diadem", 16. Jh. Siam
(Museum für asiatische Kunst, Korfu)

Herstellung und Druck:
Books on Demand GmbH, Norderstedt

ISBNR 978-3-8391-9499-7

Inhalt

Die Blume des Lebens

Alles ist schon gedacht
seit Ewigkeiten –
es gibt nichts außerhalb von Dir.
Wir kreisen um
den Kern der Zeiten –
und jeder Schöpfungsakt ist
ein Gedankenspiel von Dir.

Sacimata Musil

Ein Wort zuvor

Mein letztes Büchlein mit aufbauenden Gedanken für Genesende entstand hauptsächlich in einer Rehaklinik oberhalb des Bodensees. Eigentlich wollte ich nach den heilsamen Erlebnissen die Schriftstellerei beenden – jedenfalls was Veröffentlichungen betrifft – und mich nur noch dem Schauen, Hören, Malen und Meditieren widmen, Bilanz meines Lebens ziehen – mich langsam auf den Übergang ins jenseitige Sein vorbereiten. Mit 84 Jahren im weißen Haar ist das durchaus angebracht.

Als dann mein Buch auf dem Buchmarkt zu haben war, widmete ich u.a. meiner kreativen Ergotherapeutin ein Exemplar. Sie reagierte auf meine Dankes-Sendung so: „Sie sind als geheilt entlassen worden und wieder 100 % im Leben aktiv – Ihrer Berufung folgend. *Mögen weitere inspirierende Bücher folgen.*"

Eine erfreuliche Aufmunterung war das. Ich beschäftigte mich zunächst nicht mit dem Gedanken und erholte mich eine Woche im friedlichen Hagnau mit dem wunderschönen Japangarten der Familienpension Bröcker; lebte im Hier und Jetzt. Haiku entstanden wie von selbst, wenn man von morgen bis Abend mit dem kleinen Paradies aus Weihern, Ahornbüschen zusammenlebt und entspannt. Wieder in Lindau fing es an in mir zu rumoren und ich stieß auf eine alte lila Arbeitsmappe mit Titel:

WABI SABI (japanisch), was bedeutet: „den Augenblick wertschätzen." Ich sondierte einmal meine literarischen und philosophischen Archivblätter und war plötzlich im Redigieren, Schreiben und Erweitern gelandet. Es entstand – wie schon früher als abenteuerlich erlebt – das Manuskript, und meine Hand wurde geführt und ich fand fortwährend Passendes zum Thema.

Nun wollte ich konkreter werden und recherchierte den Begriff WABI SABI über einen japanischen Brieffreund. Guido Bürkner M.A. hatte und hat derzeit in Tokyo zu tun. So wandte ich mich an den höflichen jungen Mann um Hilfe für mein Manuskript.

Er schrieb bald zurück: „WABI SABI" ist ein buddhistischer Begriff, der die vergängliche Schönheit betont. Doch die schönsten Objekte verblassen mit der Zeit. Auf der materiellen Ebene ist alles vergänglich. Da nach der buddhistischen Lehre das Leben Leid ist, möchte sie den Menschen von materiellen Anhaftungen befreien und *auf ein schlichtes Leben aufmerksam machen, welches selbst einfache Objekte schätzt, so zum Beispiel ein Blatt im Wald.*

Hier könnte der Satz, den Sie mir aufgeschrieben haben – den Augenblick wertschätzen – gut verwendet werden."

Ich machte mich daraufhin mit Feuereifer an die Fertigstellung des Manuskripts, das als Erbauungsbuch angelegt ist.

Mein spiritueller Lehrer pflegte zu sagen: „My dear, enjoy!"

Ihnen wünsche ich das Gleiche. Verlieren Sie nie Ihren Lebensmut, Ihr Vertrauen in die göttliche Führung und dazu eindringliche Augenblicke, die Ihr Leben würzen mögen!

Liselott Sacimata Musil
Lindau/Bodensee, 7. Sept. 2010

I

Das Wichtigste
ist der Augenblick

Ein Augenblick der Ruhe

und des Innehaltens inmitten des Alltags gibt neue Kraft und lässt uns tief durchatmen. Er bietet uns die ideale Gelegenheit den Kopf wieder frei zu bekommen, um Platz für alles Kommende zu schaffen.

Manchmal hilft es dabei, sich Dinge von der Seele zu schreiben und tief in sich hineinzuhören. Welche Wünsche und Sehnsüchte, welche Träume und Gedanken ruhen dort?

David I. Wang

Auf der Reise des Lebens

ist das Vertrauen die Nahrung;
Tugendhafte Taten sind ein Zufluchtsboot,
Weisheit ist das Licht am Tage,
und richtige Achtsamkeit ist der Schutz bei Nacht.

Wenn ein Mensch ein heilsames Leben lebt,
kann ihn nichts zerstören,
hat er die Habgier besiegt, kann nichts
seine Freiheit begrenzen.

Lehre Buddhas

Hab acht aufs Heute,
*   denn es ist das Leben,*
der Kern des Lebens.

In seinem raschen Lauf
*   liegen all die Dinge und*
*   Wahrheiten des Daseins.*

Aus Indien

Die Steinzeit steckt uns in den Knochen

Den menschlichen Körper kennen wir ziemlich gut. Er ist bis ins kleinste Detail beschrieben. Sein Genom ist Buchstabe für Buchstabe gelesen. Seinem Wohl und Wehe ist eine ganze Wissenschaft gewidmet: die Medizin. Aber dennoch ist eine wichtige Frage noch nicht umfassend beantwortet: Warum ist unser Körper so, wie er ist?

Unser Körper ist ganz und gar das Produkt seiner Entstehungsgeschichte, seiner Evolution. Und diese Geschichte ist die des Lebens. Sie reicht fast vier Milliarden Jahre zurück, wir tragen das Erbe unserer Vorfahren mit unseren Erbanlagen in uns.

Thomas Deichmann, Gudrun Detter, Thilo Spakl

Pablo Picasso: „ Ein Bild kann ebenso mit Worten geschrieben werden, wie man Gefühle in Gedichten malen kann."

4. November 1935

Spiegel in deinem
Korkrahmen –
mitten ins Meer geworfen –
Du siehst nichts
als den Blitz –
den Himmel
und die Wolken –
dein geöffneter Mund
ist bereit,
die Sonne zu schlucken –
aber der Vogel soll
vorbeifliegen
und einen Moment lang
in deinem Blick leben –
nun ist er ohne Augen,
die ins Meer gefallen sind,
blind – was für ein Gelächter
werden jetzt genau
in diesem Augenblick
die Wellen auslösen.

Pablo Picasso

Sein Unglück

ausatmen können

tief ausatmen,
so dass man wieder
einatmen kann.

und vielleicht auch
sein Unglück sagen können
in Worten
in wirklichen Worten
die zusammenhängen
und Sinn haben
und die man selbst noch
verstehen kann
und die vielleicht sogar
irgendwer sonst versteht
oder verstehen könnte.

Und weinen können.

Das wäre schon
fast wieder Glück.

Erich Fried

Dem Leben dienen

Gut ist:
Leben erhalten und fördern;
Schlecht ist:
Leben hemmen und zerstören.

Sittlich sind wir,
wenn wir aus unserem
Eigensinn heraustreten,
die Fremdheit des anderen
Wesens gegenüber ablegen.

Und alles, was sich von ihrem Erleben
um uns abspielt,
miterleben und miterleiden.
In dieser Eigenschaft erst
sind wir wahre Menschen:
In ihr besitzen wir eigene, wunderbare
fort und fort entwickelte
sich orientierende Sittlichkeit.

Albert Schweitzer

II

Du bist in mir

Schauen

Ich würde zu Fuß bis ans Ende der Welt laufen, wenn ich Dich dort finden würde. Aber Du bist nicht am Ende der Welt, sondern in mir.

Alle Blicke der Liebe dieser Welt sind in Deinem Blick und Deine Augen sind in meine Augen getaucht, durch alle Ewigkeit – hindurch. Durch alle Ewigkeit hindurch – sehen sie mich an.

Bruder Ernesto Cardenal

Zum Kern vorstoßen

Wir sollten erkennen, was wir sind und uns die Frage beantworten: *„Was bin ich?"*

Wenn man einem Kind ein paar Mandeln gibt, wird es mit diesen „hölzernen Kugeln" spielen. Es wird nicht wissen, was eine Mandel ist.

Die Mandel ist der innere Kern. Erst wenn wir das entdeckt haben, ziehen wir auch einen Nutzen daraus.

Genauso ist es beim Obst, z.B. bei Orangen. Die Orange ist nicht die äußere Schale, sondern der Saft im inneren Fruchtfleisch. Wenn wir das entdecken, dann haben wir das Gute erkannt, was eine Orangenfrucht ausmacht.

Mit unserem physischen Körper verhält es sich ebenso. Auch er birgt ein großes Geheimnis in sich.

Wenn wir dieses Geheimnis entdecken, erkennen wir alles, denn mehr gibt es nicht zu erkennen.

Sant Thakar Singh

Be good – do good – be one

My dear soul Liselott,

I have your loving note and gift. Physically you may getting old, but the soul is always young. When it ist reconnected with god, the soul is always dancing and singing and enjoying. It is filled with love and finding love everywhere and also giving love to all.

I have only love for you. You will live in my love forever. My heart ist your heart and my strength is your strength and my life is your life.

Keep your hand in mine always.

Yours fatherly
Thakar Singh

Innerhalb eines Lidschlags

kann sich der Mensch
zum Himmel erheben
und kann zurückkommen.

Sonne und Mond
Paradies und Hölle
Erde und Luftraum
sind sein Spielplatz.
Er ist ein Tropfen
des Schöpfer-Meeres.

Sant Kirpal Singh

Sag' ja

Zu den Überraschungen
die deine Pläne durchkreuzen,
deine Träume zunichte machen,
deinem Tag eine ganz andere
Richtung geben,
ja vielleicht deinem Leben.
Sie sind kein Zufall.

Lass' dem himmlischen Vater
die Freiheit,
selber den Einschub
deiner Tage zu bestimmen.

Helder Camara

Fügungen

„Als ich eines Tages durch die Straßen ging, fühlte ich mich zu einem Antiquariat hingezogen. Ich ging hinein, nahm das erste Buch, auf das mein Blick fiel zur Hand und entdeckte, dass seine Gedanken genau dem entsprachen, das unsere Bewegung (Seicho-No-Ie) lehrt. Und so fanden viele Bücher, die vom neuen Geist erfüllt waren, zu mir. Ich lasse mich diesbezüglich von der inneren Führung leiten und erfahre so immer wieder, wie alles im Leben bis ins Kleinste und scheinbar Unbedeutendste weise Fügung ist."

„Und gerade Mitarbeiter von Seicho-No-Ie erfuhren immer wieder wie ihnen Dinge, Wesen, Informationen oder was sie sonst für ihre Arbeit benötigen aus der ganzen Welt zugeführt werden."

„Das ist nicht verwunderlich, denn hinten ihnen steht der Lichtwille des unendlichen Geistes des Lebens."

Masaharu Taniguchi

Der Buchstabe tötet
und der Geist belebt

„Ich habe Astronomiebücher gelesen, ich habe Astronomen zugehört, die ihre Forschungsarbeiten vorstellten, und oft war ich sehr beeindruckt. Doch welch ein Unterschied zu den Erlebnissen, die ich hatte, als ich den Sternenhimmel in der einzigen Absicht betrachtete, mit dieser Unermesslichkeit zu verschmelzen.

Der Friede, der mich nach und nach überkam, erhob mich; ich hatte nur noch den Wunsch, mich von der Erde loszureißen, mich sehr weit in den Raum zu begeben, um in Verbindung mit den spirituellen Wesenheiten zu treten, deren physische Erscheinungsformen die Himmelskörper sind.

In diesen Regionen, in die ich mich versetzt fand, fühlte ich, dass nichts wichtiger war, als mich mit dem kosmischen Geist zu vereinigen, mich von ihm durchdringen zu lassen, um zum wahren Verständnis der Dinge zu kommen. Zu einem Verständnis, das alle meine Zellen durchflutete."

Omraam Mikhael Aivankov

III

Das Unbegreifliche

Acintya

Sternfunkenpfeile
von blitzender Pracht
trafen mein Auge
am Saum der Nacht –
rissen es auf
im stechenden Schmerz,
zwangen zum Sehen
himmelwärts:

Da ward der Himmel
plötzlich überzogen
von vielen Rauten
endlos an der Zahl –
Sie hielten farbig sich
am Himmelsbogen
in allen Tönen –
wunderbar –

und als ich ganz
dem Staunen hingegeben
nun sah das Netz
von vielen tausend Augen,
sah ich das DEINE
mittendrin, fragend
ob ich erkenne
was ich schaue –

und als ich stumm
den Teil der Größe ahnte,
den DU mir gütig offenbart –
flammte DEIN AUGE Regenbogen
und bot sich
meinem kleinen Auge
gar noch als
Feuerwolke dar – – –

Sacimata Musil

Mariä Verkündigung

Nicht, dass Er eintrat,
aber, dass Er dicht, der Engel
eines Jünglings Angesicht,
so zu ihr sich neigte, dass sein Blick
und der, mit dem sie aufsah
so zusammenschlugen, als wäre plötzlich
alles leer, und was Millionen schauten,
trieben, trugen – hineingedrängt
in sie: nur sie und Er,
Schau'n und Geschautes,
Aug' und Augenweide, sonst nirgends
als an dieser Stelle, sieh' das alles
erschreckt, und sie erschraken beide.

Dann sang der Engel seine Melodie!

Rainer Maria Rilke

Marienverehrung

Ich sehe dich in tausend Bildern,
MARIA, lieblich ausgedrückt,
doch keins von allen kann dich schildern,
wie meine Seele dich erblickt.
Ich weiß nur, dass der Welt Getümmel
seitdem mir wie ein Traum verweht
und ein unnennbar süßer Himmel
mir ewig im Gemüte steht.

Novalis

Rhythmus der Freude

Hier, auf das Herz der Sonne
den Pulsschlag des Lichts
im Schweigeland,
folge dem Glockenton
schwingend im Himmelsdom
jenseits der Nebelwand.
Mit jedem Atemzug
dringe tiefer
ins Reich der Klänge,
vernimm – inmitten
aller Planeten-Gesänge
das erlösende Wort,
fallen die Schleier
wird – im Morgentau –
der Grundton
der Wahrheit offenbar.

Trunken wie ein
schillernder Pfau –
erhebe die Arme;
tanze – tanze
im Rhythmus der Freude
ins unendliche Blau.

Hildegard Loth

Sternenspur

Ein Stern bist du
mit eignem Klang
vollkommen rein
folgst du dem Ton,
der dich bewegt
Du selbst zu sein.

Ein Stern bist du
kostbar und rar,
der hell und klar
spiegelt das Licht
im Herzaltar.

Ein Stern bist du —
doch sonderbar:
die eigne Spur
durch Raum und Zeit
führt immer nur

von Sonderheit
zur EINHEIT
in der Gottnatur.

Hildegard Loth

All die Ketten
weltlicher Hoffnungen
und Wünsche
der vergangenen Leben
werden in dem Augenblick
gesprengt, in dem man
den Darshan eines
vollkommenen Meisters
erhält.

Baba Jaimal Singh

Vrindavana (Indien)

An Lord Krishna

Wenn du lächelst
blauer Jüngling,
Flöte bläst
am hellen Morgen
schlagen Rad
die blauen Pfaue
oben in der Kron'
des Baumes;
wo die Wünsche
aller hängen.

Doch ich stehe nur
und schaue,
wie sich hebt
und senkt die Braue
Deiner sonnengelben
Augen —
Wunschlos bin ich,
frag mich nur;
Ob zur Dienerin
ich tauge?

Sacimata Musil

IV

Nimm dir Zeit

Achte auf deine Gedanken –
denn sie werden Worte.

Achte auf deine Worte,
denn sie werden Handlungen.

Achte auf deine Handlungen,
denn sie werden Gewohnheiten.

Achte auf deine Gewohnheiten,
denn sie werden dein Charakter.

Achte auf deinen Charakter,
denn er wird dein SCHICKSAL.

Aus Indien

Zen - Geschichte

Von der Kuchenverkäuferin

Meister Tohusan wollte Meister Ryutan besuchen. An der Pforte des Tempels verkaufte eine alte Frau Reiskuchen.

„Ich wünsche Meister Ryutan zu sehen! Könnt Ihr mich zu ihm führen?" fragte er.

„Was für ein Buch tragt Ihr da unter dem Arm?"

„Das ist das Diamanten-Sutra. Ich habe es übersetzt."

„Ach, das trifft sich gut", sagte die Frau. „Ich habe schon seit meiner Jugend Bücher gelesen, sie aber nicht alle verstanden. Könnt Ihr mir eine Frage beantworten?" fragte die Frau Meister Tohusan.

„Ja, das kann ich."

In Eurem Sutra steht doch wohl: Man kann weder den Geist der Vergangenheit, noch der Gegenwart verstehen, noch der Zukunft! Wenn Ihr, Meister, Reiskuchen esst, mit welchem Geist esst Ihr ihn?"

Meister Tohusan war vollkommen ratlos. „Ich kann Euch nicht antworten. Wer hat Euch denn so tiefgründig unterrichtet?"

„Wenn Ihr nicht versteht, müsst Ihr in den Tempel eines großen Meisters wie Ryutan (=„großer Drache") gehen!

Und das tat er auch. Zwischen den Meistern gab es eine sehr strenge Diskussion. In Diskussionen dieser Art zerplatzen alle persönlichen Meinungen, Tohusan wurde ein großer Schüler.

Taisen Deshimaru Roshi

Lebensweisheiten

Einfachheit ist das Resultat der Reife.
Friedrich von Schiller

Dein Auge kann die Welt
trüb oder hell dir machen.
wie du sie ansiehst,
wird sie weinen oder lachen.
Friedrich Rückert

Der ideale Tag wird nie kommen.
Der ideale Tag ist heute,
wenn wir ihn dazu machen.
Horaz

Nimm dir jeden Tag die Zeit,
still zu sitzen und auf die Dinge zu lauschen.
Achte auf die Melodie des Lebens,
die in dir schwingt.
Buddha

Erringe du den inneren Frieden,
und eine große Zahl von Menschen
um dich herum wird ihren Frieden finden
Starez Seraphim von Sarow

Die Ihr den Weg sucht, vergesst
den gegenwärtigen Augenblick nicht!
Sandokai

Jeder Augenblick, der uns Freude bereitet,
verlängert unser Leben.
Angelika Mack

Wenn der Geist stark und das Herz rein ist,
seid Ihr frei!
Paramhamsa Yogananda

Zwischen Nacht und Tag

Schattenriss der Nacht —
an die weiße Stuckdecke geworfen,
mein Fensterkreuz im alten Haus
"Zum Roten Löwen".

Im Schein spärlicher Straßenlampen
dämmern die Fensterscheiben
dem rosa Morgen entgegen ——
Am Fenstersims eine Bambuspflanze,
noch jung — im Wasser stehend.

Daneben ein Topf mit runden glänzenden
Blättern mit einem zartgrünen Stengel
voll praller Blütenknospen.
Wann werden sie aufbrechen,
ihr Inneres zeigen?

Ganz plötzlich wird es geschehen —
das Wunder der Orchideen,
lila auf weiß getupft
mit rotem Lippenmal,
Einschlupf für Insekten.

Wann wird es soweit sein?
Wer Überraschungen liebt wie ich
muss warten können ——
Wenn's soweit ist, komm vorbei –
Ich sag es dir!

Liselott Musil

Geburtstag 2010 in Hagnau

Sieben Haiku (5 –7 – 5)

Amsel und Falter
im japanischen Garten
grüßen den Frühling!
    Tempel – Laterne
    steingeformt, weist zum Kiesweg
    bei den Ahornbüschen.

Ihr Rot, Grün und Gelb
spiegelt sich im Gartenteich
mit wimmelndem Kois.
    Zarte Libelle
    sucht mich hinterm Fensterglas
    "herzlichen Glückwunsch".

Bambus und Schilfgras
hören die Quellen flüstern.
Auch ich höre zu.
    Kamelienblüten
    unter der Wasserglocke,
    welch klingendes Spiel.

Der blaue Himmel
wölbt alles zusammen —
Pflanze, Tier und Mensch

Liselott Musil

*Die Autorin Sacimata Musil beim
Manuskriptlesen in ihrem asiatischem
Wohnzimmer in Lindau*

Foto: Wolfgang Kempf

Im Japan-Garten
Hagnau/B.

Fotos: L. Musil

Tee-Einladung zu Pfingsten
auf dem Taubenberg

Foto: Christa Fischer

*Lalitha Devi meditierend
im Zen Garten Kressbronn*

Foto: Vishvakarma

Es ist nur der physische Körper,
der dem Phänomen der Geburt unterliegt,
nicht die Seele. Ewig bestehend
ist die Seele niemals dem Zyklus
von Geburt und Tod unterworfen.

Wenn ihr bereit seid –
mit der einen Hand alles
wegzugeben –
ist die andere Hand bereit
alles zu empfangen.

Sant Baljit Singh

V

Die Quelle erzählt

Die Quelle erzählt

Selbstbekenntnis eines Malers

Vögel ziehen über die Steppen.
Schwärme um Schwärme ziehen weiter,
mal in Staffeln von fünf, sechs Vögeln,
mal hinter einem Leitvogel in einer Geraden
fliegen sie dahin.
Was für eine Menge Gefieder
schwirrt da in der Luft:
Sie schreien einander zu,
sich helfend und sich ermutigend;
sie begegnen sich aber auch
mit Feindseligkeit,
sie bekämpfen sich und werden verwundet.
Manche bleiben müde und altersschwach
von ihrem Zug zurück,
um auf die Erde zu fallen.

Auch heute ziehen die Vögel
über die Steppen.
Da unten liegt eine grüne Wiese,
ein Bach wirft den Strahl der Sonne zurück.
Ein Gehölz wird überflogen, unter
dessen Blättern leuchten rote Beeren hervor.

Einst gab es deren viele;
jetzt aber breitet sich eine endlose
Steppenlandschaft aus.
Fort, immer weiter müssen die Schwärme
ziehen, heute genauso wie
gestern und morgen auch.

Warum diese Eile,
warum nicht gemächlicher fliegen?
Die Vögel meinen,
die Zeit vergehe im Flug.
Dass sie endlos ist und unvergänglich,
wissen sie nicht.
Sie begreifen ihre eigene Vergänglichkeit
nicht; schlagen, ungeduldig und wie besessen;
ihre Flügel werden schneller und kräftiger.
Gerade darum fliegen sie;
was sie nicht ahnen, ihrem zeitigen Schwinden
aus dieser Erde entgegen.
Schneller und mit kräftigerem Flügelschlag
schwirren die Vögel dahin:

In einem Walde murmelt leise eine Quelle,
aus ihr strömt klares Wasser:
An ihr findet man einen Augenblick der Ruhe.
Zwar ist es nur eine kurze Rast,
für die Zugvögel der Steppe
ist sie jedoch eine Erlösung.

Für alles Leben auf der Erde geht ein Tag
nach 24 Stunden zu Ende,
und der Morgen bringt ein neues Leben.
Lasst eure müden Flügel am Wasser ruhen,
hört in Ruhe dem Quell zu.
Sagt er nicht, wohin ihr ziehen sollt?

Der Quell, dessen Wasser ohne Unterlass
aus der Tiefe des Bodens strömt,
sah seit ewig das Werden und Schwinden,
das Kommen und Gehen allen Lebens.
Wissen muss er also,
welche Bahn die ziehenden Vögel
einschlagen sollen.

Schaut euch selbst an der Quelle
im klaren Spiegel des Wassers.
Dort erkennt ihr euch müde
und erschöpft wieder.
Ihr werdet begreifen, wie die Zeit,
wo die Vögel auf der Erde die Herrscher
alles Lebens sind, zur Neige geht.

Zugvogel bin auch ich.
Alle Menschen gehören zu den Schwärmen,
die über die Steppen dahinziehen.

Die Quelle hat jeder im eigenen Herzen.
Das Rauschen ihres Wassers wird
in der Hektik des Alltags überhört.
Wirst du aber wach in Mitternachtsstunden,
hörst du ein leises Murmeln aus der Tiefe,
dann flüstert dir vielleicht die Quelle zu.

Ich blicke zurück auf meinen Weg.
Wie oft in der Wüste habe ich mich verlaufen;
Und wie oft hat mich die Quelle wieder auf
meine rechte Bahn zurückgewiesen –
wenn ich ihr aufmerksam zuhörte.

Endlich sein und leben –
diese Sehnsucht meines Herzens
wird ausgedrückt im Malen.
Die Quelle spricht zu mir:
„Sei bescheiden, sei einfach, verzichte
auf Selbstherrlichkeit und Gier."

Erlebt mich: „Erkenne die Winzigkeit
deines Ichs. Dann wirst du sehend im All,
empfänglich gegenüber der Wahrheit!"

Kai Higashiyama

Nacht am Meer auf Ägina

Silbermond
spielt Sternenfangen –
hat sich selbst
im Netz verfangen.
Milchstraße
stürzt kopfüber
ins Meer –
grünfunkelnd Sternlein
lacht hinterher –
Wunschlos steh' ich
am nachtdunklen Strand –
da fällt es leise
in meine Hand.

Liselott Musil

Zurückgelehnt

(am Bodensee)

Meist schau ich den warmen stürmischen Tagen zu, die im Sommer über den See ziehen.

Ich schaue dem Wetter zu. Vom See her laufen die Winde durch die Blätter. Eine Fülle von Bewegungen, die nicht von der Stelle kommen.

Nach der Stunde, die man als Zuschauer von im Wind schwankenden Eichenästen verbringt, kann man sich an nichts erinnern. „Haschen nach dem Wind" hat es, glaube ich, der Prediger Salomo genannt. Selbstauflösung ist es. Man hat eine Stunde lang nichts mit sich zu tun. Und nichts mit anderen. Wenn eine Stunde vorbei ist, ist nichts passiert, als dass eine Stunde vorbei ist. Kein Grund zur Panik, Aber ein bisschen reizt es doch, dass eine Stunde so mir nichts, dir nichts, vergangen ist.

Ich glaube die Bewegungen der Äste und Blätter im Wind entsprechen einer Erwartung. Fallen also befriedigend aus. Die dünnen Äste bewegen sich heftiger, die dicken gemächlicher. Genauso erwartet man es. Was da vor sich geht, kann nicht anders sein. Aber keine zwei Äste sind gleich dick, also bewegen sich keine zwei Äste gleich schnell, also ist ein Baum eine Zusammenfassung von nur einander verschiedenen Bewegungen. Eine vom

Stamm völlig ruhig gehaltene Vielfalt, die in jedem Augenblick nichts zum Ausdruck bringt, als Notwendigkeit.

Das ist vielleicht das Befriedigende, Zeitvertreibende, Hinreißende, Allesvernichtende – das Erlebnis der puren Notwendigkeit. Nicht zu vergessen das Rauschen, das Rauschen der Bäume, das des Sees.

Dann regnet es. Die Tropfen platzen deutlich auf die Blätter und führen in dieses ereignislose Geschehen, so etwas wie Rhythmus ein – oder Zeit.

Martin Walser

Oh, wunderbare Welt

Ich bin verbunden im Hier und Jetzt
mit allem, das ist.
Ich bin verbunden mit der Erde, der Sonne,
mit allen Lebewesen
Ich bin verbunden und ich löse mich
Ich lasse los,
Ich trenne mich.
Ich sterbe, um im gleichen Moment
neu geboren zu sein im Hier und Jetzt.

Und ich bin verbunden mit Licht, Liebe,
mit dem allumfassenden Wissen.
Ich bin verbunden und frei,
denn ich habe losgelassen.
Ich bin verbunden mit Dir
und dem Göttlichen in Dir,
mit Gott und allen, die da sind.

Ich lasse los und ich fliege in ein neues Leben.
Ich bin hier und jetzt, verbunden mit der Welt
und dem Universum. Ich bin.

Wo bist Du?
Oh, wunderbare Welt.
Ich lebe, ich atme, ich bin und
es ist gut.

Danke!

D. Parag

Die Hände

Ich liebe Hände.
Die Vielfalt der Hände fasziniert mich.
Hände, welch' ein Wunderwerk!
Sie vollbringen Höchstleistungen –
das ganze Leben.
Sie schenken Zärtlichkeit, Nähe, Berührungen.
Was wären wir ohne diese
liebevollen Kontaktmöglichkeiten?

Ich liebe meine Hände.
Sie haben eine schöne Form.
Meine Finger sind zart, ästhetisch
und sehr sensibel.

Meine Mama hat behauptet,
ich hätte heilende Hände, goldene Finger.
Wahrscheinlich hat sie sich auch, wie viele andere,
bei meinen Berührungen vom
Zauber der Zärtlichkeit berühren lassen.

Ich danke meinen und deinen Händen –
für das Geben und Annehmen.
Ich liebe Hände.

Davorka Parag

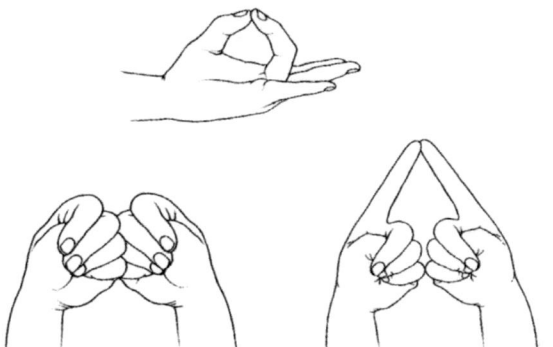

Der eine Augenblick

Die größte Kunst entsteht
aus dem einen Augenblick.
Der Fluss des Geschehens mündet
in die Ruhe des einen Augenblicks.
Die Energiequelle der Meditation
spiegelt wie ein See den einen Augenblick.
Die Klarheit der Erkenntnis kommt
aus dem einen Augenblick.
Der befreite Tanz ist Bewegung
in einem Augenblick.
Die innigste Begegnung ist heilsame
Wahrnehmung in einem Augenblick.
Die tiefste Berührung umarmt
den einen Augenblick.
Die erhebendste Musik ist der Klang
aus dem einen Augenblick.
Das Geheimnis von Leben und Tod
liegt in einem einzigen Augenblick.
Die tiefste Entspannung atmet
aus dem einen Augenblick.

Lalitha Devi

VI

Man trinkt Tee,
damit man die Welt vergißt

Für Christa

Drei Haiku 5 – 7 –5

Rote Pfingstrose
auf gelbgedecktem Tee-Tisch,
Sonne im Grüntee.

Wind streichelt Gräser,
die Haare der Gärtnerin,
auf dem Taubenberg.

Pfingstrose, so rot,
dein Blühen machte mich froh –
betrübt dein Welken.

Liselott Musil

Die Ballade vom Tee

Während die erste Tasse Tee
mir Lippen und Kehle befeuchtet,

die zweite Tasse meine Traurigkeit vertreibt,

die dritte mein Inneres durchforscht,

fange ich bei der vierten Tasse an zu
schwitzen, so dass alles Schlechte
ausgeschieden wird.

Bei der fünften Tasse bin ich gereinigt,

die sechste Tasse bringt mich der
Unsterblichkeit nahe,

doch erst die siebente Tasse lässt mich
den Hauch des Windes fühlen, der mich
zu den Inseln der Unsterblichkeit trägt.

Luya
Teemeister und Poet

Die Teekanne

Ein Märchen von Hans Christian Andersen

Es war mal eine Teekanne, stolz auf ihr Porzellan, stolz auf ihre lange Tülle, stolz auf ihren breiten Henkel; sie hatte vorn etwas und hinten etwas, die Tülle vorn, den Henkel hinten. Und davon sprach sie gern; von ihrem Deckel aber sprach sie nicht. Er war zerbrochen, er war geleimt, er hatte Mängel, und von seinen Mängeln spricht man nicht gern; das tun andere schon genug.

Tassen, Sahnetopf und Zuckerschale, das ganze Teegeschirr, würde wohl mehr an die Gebrechlichkeit des Deckels denken lassen und davon sprechen als von dem guten Henkel und der ausgezeichneten Tülle, das wusste die Teekanne.

„Ich kenne sie", sagte sie bei sich selbst, „ich kenne auch meine Mängel und erkenne sie – und darin liegt meine Demut, meine Bescheidenheit. Mängel haben wir alle, aber man hat doch auch seine Begabung.

Die Tassen bekamen einen Henkel, die Zuckerschale einen Deckel; ich bekam beide und vorn und hinten noch etwas dazu, was sie niemals bekommen. Ich bekam eine Tülle, die mich zur Königin des Teetisches macht. Der Zuckerschale und dem Sahnetopf wurde es vergönnt, Diener des Wohlgeschmacks zu sein. Aber ich bin die Gebende, die Herrschende; ich spende Segen der dürstenden Menschheit. In meinem Innern werden die chinesischen Teeblätter in dem kochenden, geschmacklosen Wasser verarbeitet."

All dieses sagte die Teekanne in ihrer unbekümmerten Jugendzeit. Sie stand auf dem gedeckten Tische; sie wurde von feinster Hand erhoben, aber die feinste Hand war ungeschickt. Die Teekanne fiel, die Tülle brach ab, der Henkel brach ab, der Deckel war nicht der Rede wert. Von ihm ist schon genug geredet worden.

Die Teekanne lag ohnmächtig auf dem Fußboden, das kochende Wasser lief heraus. Es war ein schwerer Schlag, den sie erlitt, und das Schlimmste war, dass alle lachten und nicht über die ungeschickte Hand.

„Von dieser Erinnerung werde ich nun niemals loskommen", sagte die Teekanne, wenn sie sich später selbst ihren Lebenslauf erzählte. „Ich wurde Invalide genannt, in einen Winkel gesetzt und am nächsten Tag einer Frau geschenkt, die um etwas Bratenfett bettelte. Ich stieg zur Armut herab, stand innerlich und äußerlich zwecklos da, aber dort, wo ich stand, begann mein besseres Leben; man ist etwas und wird doch etwas ganz anderes.

Man legte Erde in mich hinein, das ist für eine Teekanne, als würde sie begraben – aber in die Erde legte man eine Blumenzwiebel. Wer sie hineinlegte, wer sie mir gab, weiß ich nicht. Aber geschenkt wurde sie mir, ein Ersatz für die chinesischen Teeblätter und das kochende Wasser, ein Ersatz für den abgebrochenen Henkel und die Tülle. Und die Zwiebel lag in der Erde, die Zwiebel lag in mir. Sie wurde mein Herz, mein lebendiges Herz, ein solches hatte ich vorher nicht gehabt.

Nun war Leben in mir, Kraft und Kräfte, der Puls schlug, die Zwiebel keimte. Sie wurde von Gedanken und Gefühlen gesprengt. Sie brachen in einer Blume hervor; ich sah sie, ich trug sie, ich vergaß mich selbst in ihrer Schönheit.

Gesegnet der, der sich selbst in anderen vergisst.

Sie sagte mir keinen Dank, sie dachte nicht an mich – sie wurde bewundert und gepriesen.

Ich war so froh darüber, wie hätte sie es nicht sein müssen. Eines Tages hörte ich, wie man sagte, dass sie einen besseren Topf verdiene. Man schlug mich mitten durch, das tat entsetzlich weh. Aber die Blume kam in einen besseren Topf und ich wurde in den Hof hinaus geworfen.

Hier liege ich als alter Scherben – aber ich habe die Erinnerung und die kann mir niemand nehmen."

Hans Christian Andersen

Humor und Geduld
sind zwei Kamele
mit denen du durch
jede Wüste kommst.

Aus Arabien

VII

Licht – überfließender
Spiegel

Der Blick nach oben
verläuft im Licht,
verliert sich in Hoffnung,
träumt vom Himmel,
von morgen,
vom Aufbrechen
einer Knospenwelt,
deren Aufblühen
sich nicht mehr lange
verweigert.

Christa Spölling Nöker

Licht –
überfließender Spiegel

Sonnenspur auf trüber Diele,
ruhe einen Atemzug lang
auf meinem dunklen Auge,
auf meinem spröden Buch;
dann sind die Wände
meines Körpers
schmale Ufer,
an deinen Fluss gestellt.

Mein Herz
leuchtet als rote Sonne
einen Atemzug lang –
ohne Schatten in Dir –
überfließender
Spiegel – – –

Maria Bierbaum

Gedanken zum Licht

(Phänomene der Naturwissenschaft)

Man kann sich die Lichtwellen, die sich im Raum ausbreiten, wie Wasserwellen auf einem Teich vorstellen. Licht nimmt verschiedene Wellenlängen an – unterschiedliche Abstände von einem Wellenkamm zum nächsten. Für uns bedeuten die verschiedenen Wellenlängen, dass wir unterschiedliche Farben wahrnehmen.

Das sind ein paar abstrakte, aber grundlegende Gedanken zum Licht. Doch wir können diese Vorgänge auch in der Praxis beobachten.

Mischen Sie in einer flachen Schüssel eine Seifenlauge an: nehmen Sie eine Kaffeetasse, tauchen Sie sie mit der Öffnung nach unten in das Seifenwasser, und nehmen Sie die Tasse vorsichtig heraus. In der Öffnung hat sich vermutlich ein dünner Seifenblasenfilm gebildet.

Drehen Sie jetzt die Tasse zur Seite, so dass der Seifenfilm senkrecht ist und Sie die Reflexion eines hellen Lichts darauf erkennen – etwa das des Himmels. Nach einigen Sekunden können Sie am oberen Blasenende Farbstreifen sehen, die langsam nach unten wandern. Das Seifenwasser hat keine eigene Färbung. Für die Farben verantwortlich ist die Dicke der Seifenblase. Überall, wo der Seifenfilm dick genug ist, um allen Wellen des, sagen wir, rotes Licht Platz zu bieten, wird rotes Licht in Ihr Auge geworfen, weil sich die Wellen des roten Lichts, die von der Blasenrückseite reflektiert werden, genau in Einklang mit den Rotlichtwellen befinden, die von der Vorderseite der Blase zurückgeworfen werden.

Gleiches gilt für andere Farben. Dort, wo sich die Stärke des Seifenfilms veränderten, verändern sich auch die Farben.

Der gleiche Prozess lässt Farben in Ölflecken erscheinen, die auf dem Wasser schwimmen.

Auch die meisten blauen Farben in Vogelfedern und Schmetterlingsflügeln entstehen auf diese Weise – nicht durch Farbstoff, sondern durch Lichtreflexe zu beiden Seiten eines dünnen Films.

Don Gloss

Das gestreute Licht der Sonne

erhält das Leben eines Waldes mit all seinen Bäumen. Der weit gestreute Reichtum wird durch die Glücksgöttin Lakshmi symbolisiert.

Wenn dasselbe Sonnenlicht durch ein Brennglas auf einem kleinen Punkt gebündelt wird, kann es denselben Wald zu Asche verbrennen.

Dieses verzehrende Feuer, das auf einen Fleck konzentrierten Reichtum wird durch „Kuberu" symbolisiert, die beherrschende Gottheit unserer modernen Wirtschaft.

Rabindranath Tagore

VIII

Herbstliches

Nach dem Fest

Kalt ist der Morgen und grau.
Wohin ist die sanftblaue Nacht
von gestern entfloh'n –
die grünen Laternen,
die rosa und roten
schwankend wie Wein im Glas?

Wo ist das Lachen
festlicher Gäste geblieben –
im Kommen und Gehen
verklungen im Glas?

Wo ist das Säuseln des Bambus
geblieben, chinesisches Spiel
im Laternenwiegen,
im Windhauch der lauen,
petunienblauen
Johannisnacht?

Kalt ist der Morgen und grau.
Laternen frieren im Ostwind.
Fröstelnd lös' ich die Schnüre
zwischen den Balken.
Durch meine Gedanken schwanken
Laternen in Leuchtkäferschwärmen
bis nach Hongkong – – –

Liselott Musil

Aufgehoben das Gold
als Vorrat
als Grund, als Wert
als Elixier.

Aufgehoben das Gold
von Grund auf
vom Erdboden
vom Blatt gelesen
für tragende Goldgründe
für den nächsten Goldfund.

Gut aufgehoben im Miteinander
inmitten der Anderen
Im Kreise der Runde
in der goldenen Mitte

Gut aufgehoben den Fund
gut aufheben
den Ertrag, ihn anlegen
im Goldenen Schnitt

Und von Grund auf
neu aufbauen
das Bild der Saat
auf dem Goldgrund der Ernte.

Weleda Kunstkalender
2010 Oktober

Verklärter Herbst

Gewaltig endet so das Jahr
mit goldnem Wein und Frucht der Gärten.
Rund schweigen Wälder wunderbar
und sind des Einsamen Gefährten.

Da sagt der Landmann: Es ist gut.
Ihr Abendglocken lang und leise
gebt noch zum Ende frohen Mut.
Ein Vogelzug grüßt auf der Reise.

Es ist der Liebe milde Zeit.
Im Kahn den blauen Fluß hinunter
wie schön sich Bild an Bildchen reiht –
das geht in Ruh und Schweigen unter.

Georg Trakl

Im Park

Wieder wandelnd im alten Park,
O! Stille gelb und roter Blumen.
Ihr auch trauert, ihr sanften Götter,
Und das herbstliche Gold der Ulme.
Reglos ragt am bläulichen Weiher
Das Rohr, verstummt am Abend die Drossel.
O! dann neige auch du die Stirne
Vor der Ahnen verfallenem Marmor.

Georg Trakl

Im Herbst sammelte ich
alle meine Sorgen und vergrub
sie in meinem Garten.

Als der Frühling wiederkehrte –
im April – um die Erde zu heiraten
da wuchsen in meinem Garten
schöne Blumen.

Khalil Gibran

Die Mondfee

Ein Märchen aus dem alten China

Zur Zeit des Kaisers Yan lebte ein Fürst namens Hon I, der war ein starker Held und guter Schütze,

Einst gingen zehn Sonnen am Himmel auf, die schienen so hell und brannten so heiß, dass die Menschen es nicht aushalten konnten.

Da gab der Kaiser dem Hon I den Befehl, nach ihnen zu schießen. Dieser schoss neun Sonnen herunter.

Hon I hatte aber auch ein Pferd, das war so schnell, dass es den Wind einholen konnte. Er setzte sich darauf und wollte auf die Jagd. Da rannte das Pferd davon und ließ sich nicht mehr einholen.

So kam er an den Kunlun-Berg und sah die Königin-Mutter am Jaspis-See. Die gab Hon I das Kraut der Unsterblichkeit. Das nahm er mit nach Hause und verbarg es im Zimmer.

Er hatte eine Frau namens Tschang O. Die naschte davon, als ihr Mann einmal nicht zuhause war und – sogleich schwebte sie zu den Wolken empor.

Wie sie beim Mond angekommen war, da lief sie in das Schloss im Mond und lebt seither dort als Mondfee.

Ein Kaiser aus dem Hause Tang saß einmal in der Mitt-Herbst-Nacht mit zwei Zauberern beim Wein. Der eine nahm eine Bambusstange und warf sie in die Luft; die wandelte sich zur Himmelsbrücke, und nun stiegen die Drei zusammen zum Mond hinauf.

Da sahen sie ein großes Schloss, daran stand: „Die weiten Hallen der Kälte" auf einem Schild geschrieben.

Ein Kassiabaum stand daneben, der blühte und duftete, dass die ganze Luft von seinem Duft erfüllt war. Ein Mann saß auf dem Baum, der mit einer Axt die Nebenzweige des Baumes abhieb.

Der eine Zauberer sprach: „Das ist der Mann im Mond! Der Kassiabaum wächst so üppig, dass er mit der Zeit den ganzen Glanz des Mondes beschatten würde. „Darum muss er alle tausend Jahre einmal gestutzt werden."

Dann traten sie in die weiten Hallen. Silbern türmten sich die Stockwerke übereinander. Die Säulen und Wände waren alle aus Wasserkristall. Es waren Käfige da und Teiche, darinnen waren Fische und Vögel, die bewegten sich wie lebend. Die ganze Welt schien aus Glas zu sein. Während sie noch nach allen Seiten Umschau hielten, trat die Mondfee auf sie zu in einem weißen Mantel über einem regenbogenfarbenen Gewand. Sie sprach zum Kaiser: „Du bist ein Fürst der Welt des Erdenstaubs. Du musst Glück haben, dass du hierher gelangen konntest."

Damit rief sie ihre Dienerinnen, die kamen auf weißen Vögeln herangeflogen und sangen und tanzten unter dem Kassiabaum. Reine Klänge tönten durch die Luft.

Neben dem Baum aber stand ein Mörser aus weißem Mondstein. Ein Hase aus Jaspis zerstieß darinnen Kräuter. Das war die dunkle Hälfte des Mondes.

Als der Tanz zu Ende war, da kehrte der Kaiser mit den zwei Zauberern wieder zurück auf die Erde.

Er ließ die Lieder, die er im Monde gehört hatte, aufzeichnen und zur Begleitung von Jaspisflöten in seinem Birnengarten singen.

(Aus dem Chinesischen übertragen
von Richard Wilhelm)

Halte das Glück wie einen Vogel,
so leise und lose wie möglich.
Glaubt er sich selber frei,
bleibt er dir gern in der Hand.

Friedrich Hebbel

Noch einmal

Noch einmal
  die Stimme zu hören
  aus dem Unhörbaren;
  wie sie eindringt in alle Poren,
  das Herz auffüllt,
  dass es zu reißen droht
  von unten an,
  wo die Kindheit den
  ersten Schuh erträgt
  bis dahin, wo die Eitelkeiten fallen,
  wo sie im lockenden Gestrüpp,
  von Gewalt und Nacktheit
  entstelltem Gestrüpp
  ihr Spiegelbild sehn.

Noch einmal
  den bloßen Fuß auf die Erde zu setzen,
  wenn das Gras dicht ist
  vom Wachsen und Blühn –
  den Fels zu spüren getürmt,
  von Furchen zerschnitten, verwundet,
  den letzten Atem in die Sonne
  ausgestoßen – – –

Noch einmal
Die Hände vergraben im weißen Sand
und dann hochreißen die geschlossenen Fäuste
in den Wind – und ausstreun – alles –
ALLES.

Maria Bierbaum

Als Gegengabe

Oh, Lebens Neige, nur noch lichte Stille.
Der tausend Dinge ledig ward das Herz.
Nun ließ von allem, was ich sann, der Wille.
Gelassen geh' den Weg ich wälderwärts.

Ein Wind aus Arven bläst des Gürtels Band,
und auf den Saitenspiele glüht der Mond.
Du fragst ob sich das Leben lohnt?
Oh, horch: Das Lied des Fischers überm Sand.

Wang We

Rotes Haus im Grünen

Ich habe dich schon erlebt; ich darf dich nicht nochmals erleben wollen.

Ich habe es schon einmal als Heimat gehabt, habe das Haus gebaut, habe Wand und Dach gemessen; Wege im Garten gezogen und eigene Wände mit eigenen Bildern behängt.

Jeder Mensch hat dazu einen Trieb – wohl mir, dass ich ihm nachgeben konnte. Viele meiner Wünsche haben sich im Leben erfüllt.

Ich wollte ein Dichter sein und wurde ein Dichter; ich wollte Frau und Kinder haben – und ich hatte sie. Ich wollte zu Menschen sprechen und auf sie wirken, und ich tat es.

Und jede Erfüllung wurde schnell zur Sättigung. Satt sein aber war das, was ich nicht ertragen konnte. Verdächtig wurde mir das Dichten. Eng wurde mir das Haus.

Mein erreichtes Ziel, jeder Weg war ein Umweg; jede Rast gebar neue Sehnsucht. Alles wird seinen Sinn einst zeigen.

Dort wo die Gegensätze erlöschen, ist Nirwana. Mir brennen sie noch hell, geliebte Sterne der Sehnsucht.

Hermann Hesse

Zugvögel schreien!
Alltagstraum – Gedankenzwirn
zerrissen im Nu.

Kleiner Apfelkern
ist nicht auch dir beschieden
Größe und Krone?

Auf langer Allee
mit feuchten Wangen – allein
im Blätterregen.

Einsam wache ich
in herbstklarer Nacht – weiß wohl,
selbst der Mond bleibt nicht.

Hildegard Loth

IX

Mit anderen Augen sehen

Mit anderen Augen sehen

Als der Zen-Meister Erleuchtung erlangte, schrieb er zur Feier der Stunde:
„Welch außerordentliches Wunder: ich hacke Holz, ich schöpfe Wasser aus dem Brunnen."

Für die meisten Menschen ist nichts Wunderbares an so prosaischen Tätigkeiten wie dem Schöpfen des Wassers aus einem Brunnen oder dem Holzhacken. Nach der Erleuchtung ändert sich im Grunde nichts. Alles bleibt dasselbe.
Nur das eigne Herz ist jetzt voller Staunen!

Der Baum ist derselbe Baum, und die Menschen sind die gleichen wie zuvor, und du selbst auch, und das Leben verläuft nicht anders als vorher. Du bist vielleicht genauso übellaunig oder gelassen, genauso weise oder töricht wie zuvor.

Es gibt nur einen entscheidenden Unterschied:
Du siehst nun alle Dinge mit anderen Augen an.
Du stehst darüber und dein Herz ist voller Staunen. Das ist die Essenz der Kontemplation:
Das Gefühl des Staunens.

Anthony de Mello

Mythos Ginkgo

Auf den Fächer der alten Opfergabe
fällt ein Ginkgo-Blatt

Eines der düstersten Kapitel in der Geschichte der Menschheit schrieben die USA im August 1945 mit dem Abwurf der Atombombe auf Hiroshima und Nagasaki, in deren Folge über 300 000 Menschen starben. Schäden von unvorstellbarem Ausmaß trafen die beiden Städte und den natürlichen Lebensraum. Pflanzen und Tierwelt wurden fast vollständig vernichtet. Es war fraglich, ob auf diesem verbrannten, verseuchten Boden jemals wieder etwas wachsen würde.

Deshalb kam es einem Wunder gleich, als in Hiroshima ein Ginkgobaum nicht weit vom Explosionsherd entfernt im darauffolgenden Frühjahr neu austrieb.

Dieser stark verwundete Baum überstand nicht nur die Katastrophe, sondern soll auch den einzigen unversehrten Tempel des Stadtteils beschützt haben.

Mit großer Aufmerksamkeit wurde der neue Ginkgo- Spross umsorgt. Heute gilt der mittlerweile große, prächtige Baum als Mahnmal und Symbol für Frieden, Vernunft und Hoffung auf eine gewaltlose, bessere Zukunft.

Der Ginkgo lässt uns aber auch die Bewegung und Handlungsfähigkeit erkennen, wenn wir nicht nur die eine oder andere Seite betrachten. Er stellt die individuelle Dynamik im Zusammenspiel von zwei Gegenpolen dar, nicht nur schwarz und weiß.

All dies findet man im Ginkgo wieder, der mit seinen charakteristischen Eigenschaften auf verblüffende Weise das Symbol von Yang und Yin veranschaulicht.

Zählt man die botanische Besonderheit des Ginkgo, sein unglaubliches Alter, seine Vitalität sowie seine Bedeutung und Medizin, so scheint der Schluss nicht abwegig: Der Ginkgo ist ein Unikum auf unserem Planeten.

In der asiatischen Philosophie ist das Symbol Yin und Yang ein Gleichnis für die Unendlichkeit und verdeutlicht sehr vereinfacht das männliche Yang und das weibliche Yin-Prinzip. Trotz aller Gegensätze bilden sie zusammen ein Ganzes.

Prof. Dr. Walter Jung, München

Gingo Biloba

Dieses Baumes Blatt, der von Osten
meinem Garten anvertraut,
gibt geheimen Sinn zu kosten
wie's den Wissenden erbaut.

Ist es ein lebendig Wesen?
Das sich in sich selbst getrennt,
sind es zwei? Die sich erlesen,
dass man sie als eines kennt?

Solche Fragen zu erwidern
fand ich wohl den rechten Sinn,
Fühlst du nicht an meinen Liedern,
dass ich Eins und doppelt bin?

J. W .v. Goethe

Floras Traum

In meinen Träumen pflück ich mir
aus Sternen einen Strauß
und suche mir am Himmelszelt
die schönsten Farben aus.

Helle Venus, roter Mars,
der Erde blauen Schein;
Ich binde Monde, Galaxien,
Kometenschweife ein.

Eine Prise Sternenstaub,
etwas Nebel-Schleierkraut,
eine Rosette leg ich um
aus den Ringen des Saturn.

Nun fertig, steht er in der Vase,
gefüllt mit Milch der Himmelstraße.
Er duftet engelgleich – im Raum,
bis er verblüht im Morgengrau'n.

Renate Elbich
(Poetenwettbewerb Planetarium Augsburg)

X

Die Fahrt im Kreise

Die Fahrt im Kreise

Eine märchenhafte Geschichte

Ein Mann wohnte an einem schmalen Fluss. Die Bäume seines Gartens ließen ihre Äste in sein dunkles Wasser hineinhängen. Auch der Kirschbaum tat das, und mehr als einmal sah er die großen Fische nach den Kirschen schnappen.

In der Nacht hörte der Mann das Rauschen des Flusses, wie leise es auch war, und vor dem Schlafen war es immer ein seltsames Lied.

Er war ganz allein in seinem Haus, und das Land weit um ihn herum war leer von Menschen, weil der Krieg darin gewütet hatte.

Am Tag machte es sich nichts daraus. Da grub er in seinem Garten, beschnitt Bäume und Sträucher, erntete die Bohnen, stützte die dicken Kürbisse.

Wenn der Herbst kam, füllte er Korb um Korb mit roten Äpfeln und goldgelben Birnen. Er schlug mit langen Stangen in den Nussbaum, dass alle Nüsse prasselnd zu Boden kamen und aus ihrem Samen grüne Nüsse sprangen.

Er schnitt die weißen und blauen Trauben, von denen er einen Teil in den Winter hinein aufbewahren verstand und einen Teil kelterte, dass Saft und Wein entstanden.

Oft saß er mit der Angel am Ufer und warf sie immer wieder in das strömende Wasser hinein. Der rote Kork suchte von Zeit zu Zeit und begann wild herumzutanzen. Da hatte er jedes Mal einen Fisch gefangen – eine Forelle mit roten Punkten auf dem Rücken oder eine glatte Schleie.

Am Abend saß er in seiner kleinen Stube, aß gebratenen Fisch und trank Wein dazu und wurde ganz fröhlich dabei. Wenn die Nacht kam und das Rauschen des Flusses stärker wurde, dann kam die Einsamkeit über ihn, dass er den Klang eines Abendliedes vermisste und dass keine Schritte durch den Garten kamen und nie ein Freund an seine Türe pochte.

Einmal träumte er, dass er in einem Boot aus seiner Einsamkeit hinaus in die Welt gefahren sei und, dass er singende Kinder und lachende Mädchen gehört hatte, und dass er an einer schönen Hütte vorbeigekommen sei, in der fröhliche Menschen zusammen saßen und feierten.

Der Traum ging ihm lange nach, bis er Garten Garten sein ließ und Angel Angel und daran ging, ein Boot zu bauen. So suchte er sich eine alte Eiche aus, höhlte in langen Wochen den Stamm aus, glättete ihn, schnitzte sich Ruder und als der Frühling kam, wollte er die große Fahrt wagen.

So schritt er noch einmal durch Haus und Garten. In der Küche löschte er das Herdfeuer, in der Kammer schloss er das Fenster und auf dem Speicher sah er nach, was von den Birnen und Äpfeln den Winter überdauert hatte.

Er trug von allem einiges in sein Boot. Dann schritt er nochmals durch seinen Garten. Die Kirschen blühten gerade und die Bohnen kamen aus der Erde und von den Johannisbeerstauden kam der gute Geruch ihrer jungen Blätter.

Es tat ihm innerlich leid, aus seinem Garten fortzugehen. Er dachte an die Morgenstunden, in denen die Amsel sang, an den Mittag, da er im Schatten seines Nussbaums ruhte und die Abende am Fluss.

Aber er dachte auch an die langen Nächte und er nahm ein paar Kirschblüten vom Baum und schritt zum Boot. Wie er aber so vom Ufer abstieß und die Kirschblüten in den Fluss warf, waren mit einem Mal viele Fische um sein Boot herum aufgetaucht, wie er es nie gesehen hatte. Eine Zeitlang zogen sie mit ihm, aber dann kehrten sie zurück, als ob sie Haus und Garten bewachen müssten.

Er griff in die Ruder, so dass das Bot kräftig voranschob. Der Fluss blieb schmal. Überall kam der Wald dicht an ihn heran und zuweilen wuchsen die Bäume über ihm zusammen, so dass es ein dämmriges und geheimnisvolles Fahren war. Er ruderte heftiger voran und kam bald aus dem grünen Dunkel heraus.

Als es Abend wurde, wollte er das Boot festmachen und so die Nacht verbringen. Aber plötzlich war die Strömung so stark, dass es ihm nicht gelang, ans Ufer zu kommen. So ließ er die Ruder sinken und wollte sich treiben lassen. Aber inzwischen war der Fluss schon ganz dunkel geworden. Ein paar Sterne spiegelten sich darin. Dem Mann wurde ganz traumselig zumut und auf einmal war er eingeschlafen.

Als er erwachte, stand die Sonne schon hoch und er spürte heftigen Hunger. Er aß vom getrockneten Fisch, den er mitgenommen hatte, aber die Birnen und Äpfel waren faulig geworden. Das kam ihm seltsam vor. Aber es gab noch mehr Dinge, die ihm verwunderlich schienen.

Auf der Fahrt gab es nur noch Linden am Ufer und sie standen in Blüte. Das Boot glitt in einer Wolke von süßem Duft dahin.

Auf einmal flog ein Vogel mit bunten Federn über das Boot und ließ eine große Erdbeere fallen. Der Mann aß sie und ihre Süße kam ihm nicht mehr von den Lippen und ging ihm ins Blut und in die Seele hinein. Auf einmal war er am Singen und wusste selber nicht wie es kam.

Bei dem Lied aber wurde das Georgel der Bienen stärker und seliger, der Duft von reifen Beeren strömte ihm entgegen und von weitem war das Lied eines Vogels zu hören. Als es Abend wurde, zogen wieder die Sterne am Himmel auf und wieder schlief der Mann im Anblick ihres Gefunkels ein.

Als er wach wurde, umwehte ihn der Geruch von reifen Äpfeln und Birnen und als er die Augen ordentlich aufgemacht hatte, da sah er, dass der Wald jetzt aus lauter Äpfel- und Birnbäumen bestand. Tage, die er vergessen hatte, stiegen auf und trugen klare Gesichter. Ein Tag stieg auf, der strahlte in wehem Glanz des Abschieds und der trug das Gesicht eines stillen Mädchens.

Einmal griff er sich an die Stirne und erschrak. Da hatte er verstanden, dass ihm etwas ganz Seltsames geschah:

An einem Frühlingstag war er ausgezogen, dann war gleich Sommer gewesen, und jetzt war Herbst und immer war alles zusammengedrängt, hat die Jahreszeit gezeichnet. Aber es ergab sich alles.

Als der Wind zwischen den Bäumen anfing, da legte er sich schlafen, in seinem Boot, ohne auch nur zu denken, dass er anlegen könnte und war bereit, alles zu ertragen, was noch kommen würde.

Er wollte in den frühen Frühling seines Gartens zurückkehren. Aber er konnte es nicht. Denn das Boot ließ sich durchaus nicht gegen den Strom rudern. Lange mühte er sich ab. Er ließ die Ruder sinken und saß ruhig und traurig da.

Endlich schlief der Mann ein und jetzt sah er im Traum von all den Gesichtern der vorigen Nacht nur noch das eine, das ganze Mädchengesicht und die ganze Gestalt des Mädchens sah er. Er stand in einem Garten unter blühenden Bäumen und sie winkte ihm sanft zu.

Aber verwunderlich war, dass das Boot am Ufer war. Der Mann sprang aus dem Boot, dehnte und reckte sich und nahm eine Blüte vom Baum, ganz genau, wie er es getan hatte, als er Abschied von seinem Garten genommen hatte – und da merkte er, dass es sein Garten war, in dem er stand, an dem er gelandet war.

So hatte er also den geheimnisvollen Fluss befahren und im Kreis der Jahreszeiten durchmessen.

Da verließ der Mann das Ufer und ging langsam und schwer in seinen Garten hinein. Plötzlich blieb er stehen und rieb sich die Augen, um zu sehen, ob er nicht träume.

Aber er träumte nicht!

Zwischen den Bäumen kam ihm wirklich die Gestalt des Mädchens entgegen, von dem er vor vielen Jahren getrennt worden war und das er im Traum gesehen hatte. Sie gab ihm lächelnd die Hand und führte ihn ins Haus.

Da brannte Feuer im Herd und auf dem Tisch in der Stube stand ein Krug mit Kirschblütenzweigen – und es war wie ein Fest, – auf das sie beide so lange gewartet hatten.

Johannes Kirschweng

Die Jahresringe

Gern erinnere ich mich an ein altes Märchenbuch „Goldener Nebel", das Ende des zweiten Weltkriegs erschien – von Johannes Kirschweng, der längst das Zeitliche gesegnet hat.

Darin fand ich auch ein Märchen über die Jahresringe, das mich im mittleren Alter sehr beeindruckt hat.

„Der Dichter oder sein Symbol sitzt an einem runden Tisch, dessen Platte aus einem Baumstamm, einem Querschnitt stammt und das Alter des Baumes zeigt.

Manchmal sitzt er im Kellergewölbe mit Fenster nach draußen davor und berührt intensiv mit seinem Ringfinger, daran bisweilen ein Bergkristall aufleuchtet, einen dunklen Jahresring.

Er erlebt damit Situationen aus seinem vergangenen Leben, die wie ein Blitzlicht aufflammen. Es sind meist positive Erinnerungen – nicht zeitlich geordnet, die in seinem Langzeitgedächtnis haften geblieben sind. Er besitzt die Gabe, sich in sein Bewusstsein von „damals" zurück zu erinnern. Es sind gefühlvolle Empfindungen. „Ich bin reich", sagte er sich manchmal, „was habe ich erleben dürfen, welche lieben Menschen mit meiner Wellenlänge erreichen, man hat sich gefunden, vielleicht wieder aus den Augen verloren – alles ganz natürlich, so wie sich Wellen verschlingen und wieder loslassen, den Rhythmus wechseln und die Richtung und doch, hat es die Seele erfreut und gestärkt, vielleicht auch traurig gemacht, sehnsüchtig gestimmt, jung gemacht – bis er sich wieder gefunden hatte in seiner Ruhe und seinem Altersfrieden."

Ja, er hatte sich gefunden in Gelassenheit, so wie man das Ornament eines farbenprächtigen vertrauten Teppichs betrachtet und dann die Augen davon löst, sich danach eine gute Tasse Tee zubereitet und zuletzt seinen Tag beschließt – in Zufriedenheit.

Liselott Musil

XI

Segen der Begegnung

Segen der Begegnung

Es gibt Begegnungen,
in denen alles in dir hell wird,
die deine Seele
aufleuchten lassen,
als stünde ein Engel
im Raum.

Ich wünsche dir das Geschenk
solcher heiligen Augenblicke,
in denen dir das Licht
des Himmels
mitten ins Herz scheint.

Christa Spölling-Nöker

Die Heilung des Blinden

Sie kamen nach Jericho. Als Er mit seinen Jüngern und einer großen Menschenmenge Jericho wieder verließ, saß an der Straße ein blinder Bettler, Bartimäus, Sohn des Timäus.

Sobald er hörte, dass es Jesus von Nazareth war, rief er laut: „Sohn Davids, Jesus, hab' Erbarmen mit mir!"

Viele wurden ärgerlich und befahlen ihm, zu schweigen. Er aber schrie noch lauter: „Sohn Davids, Jesus, hab' Erbarmen mit mir!"

Jesus blieb stehen und sagte: „Ruft ihn her!" Sie riefen den Blinden und sagten: *„Hab nur Mut, steh' auf, Er ruft dich!"* Da warf er seinen Mantel weg, sprang auf und lief auf Jesus zu. Jesus fragte ihn: *„Was soll ich dir tun?"* Der Blinde antwortete: „Rabbini, ich möchte wieder sehen können!"

Da sagte Jesus zu ihm: „Geh! Dein Glaube hat dir geholfen!"

Im Augenblick konnte der Bettler wieder sehen und er folgte Jesus auf seinem Weg."

(Markus-Evangelium)

Achtung der stillen Zeit

Die Vervollkommnung unseres Charakters beruht in erster Linie nicht auf Eigenschaften, die Klugheit, Gewandtheit oder eine genaue Beobachtungsgabe hervorbringen, und auch nicht auf Verstandeskraft, die analysiert und verallgemeinert.

Sie beruht auf unserer Übung in Wahrheit und Licht, auf Idealen, die an die Wurzeln unseres Daseins rühren. Um sie tatsächlich erkennen und im Leben umsetzen zu können, ist eine Achtung der stillen Zeit erforderlich.

Rabindranath Tagore

Bestimmung

Was immer ich aussage
sind aufgerollte Blätter
des Keimes – den ich als Same
schon immer in mir trage.

Die Zeit ist es, die hier bewirkt,
dass hinter Schleiern sich verbirgt,
was durch des Gottes Schöpferwort
von Anfang an
mein wahres Wesen birgt.

So lasse ich das Schicksal walten
und lasse sich entfalten,
was Gott seit Ewigkeit
aus Erdenstoffe wollt gestalten.

Vielleicht einmal die Hülle bricht
mein Knospenherz
erwacht zum Licht –
zur Blüte herrlich sich erhebt
dass meine Seel das Amen spricht
wenn freudevoll die Erde bebt
vom Geist des Ewigen belebt.

Hildegard Loth

Ich hebe den Mund
an die Lippe der Wahrheit

Gestern noch war ich Aufruhr
fordernde Formel von morgen
in die Säule der Zeit geritzt
als Fragment.

Nun, an der Lippe der Wahrheit
bin ich Demut und Schweigen,
trinke die Zeit
wie einen Becher aus.

Maria Bierbaum

XII

Meditations-Anleitung

Shinsokan

Oh, Gott, der du allen Lebenden
das Leben schenkst,
erfülle mein ganzes Sein
mit Deinem Geiste
und allen Deinen Segnungen!

Soweit meine Augen reichen,
sehe ich Gottes Meer

der unendlichen Weisheit
der unendlichen Weisheit
der unendlichen Weisheit

der unendlichen Liebe
der unendlichen Liebe
der unendlichen Liebe

der unendlichen Fülle
der unendlichen Fülle
der unendlichen Fülle

der unendlichen Freude
der unendlichen Freude
der unendlichen Freude

der unendlichen Harmonie
der unendlichen Harmonie
der unendlichen Harmonie

Als Kind Gottes in dieser Jisso-Welt
der großen Harmonie
empfange ich Gottes unendlich
belebende Kraft.

Gottes unendlich belebende Kraft
strömt in mich hinein
strömt in mich hinein
strömt in mich hinein!

Gottes unendlich belebende Kraft
erfüllt mich, erhält mich
erfüllt mich, erhält mich
erfüllt mich, erhält mich.

Vielen, vielen Dank!
Dies ist nicht mehr mein Leben,
sondern Gottes Leben,
welches in mir ist.
Gassho! Dankeschön!

Dr. Masaharu Taniguchi

Blumenopfer

Pflück' ich dich, Blume,
So wird meine Hand dich besudeln.

Stehend hier in den Wiesen,
opfere ich dich, so wie du bist,
den Buddhas der Vergangenheit,
der Gegenwart und der Zukunft.

Kaiserin Komyo

Mitleid mit allen Wesen

Sie dürfen nicht glauben, dass diese Welt sinnlos ist und voller Verwirrung – dagegen die Welt der Erleuchtung voller Sinn und Freude sei.

Vielmehr sollen Sie in allen Angelegenheiten dieser Welt den Weg der Erleuchtung ausprobieren.

Wenn ein Mensch mit unreinen Augen, die durch Unwissenheit getrübt sind, auf diese Welt schaut, wird er sie voller Fehler sehen; wenn er aber mit klarer Weisheit auf sie schaut, wird er sie als die Welt der Erleuchtung sehen, die sie ist.

Tatsache ist, dass nur eine Welt existiert, und nicht zwei Welten, von denen die eine sinnlos und die andere sinnvoll; die eine gut und die andere schlecht ist.

Die Menschen glauben ihrer Unfähigkeit entsprechend, dass zwei Welten existieren.

Wenn sie sich selbst von diesen Unterscheidungen loslösen und ihren Geist durch das Licht der Weisheit reinhalten können, würden sie nur eine Welt sehen, in der alles bedeutungsvoll ist.

Diejenigen, die Buddha vertrauen, spüren überall diese umfassende Reinheit der Einheit, und mit dieser Geistesverfassung ausgestattet, haben sie mit allen Wesen Mitleid und nehmen eine bescheidene Haltung ein, um allen zu dienen.

(Lehre Buddhas)

*Nagasaki. Tempelgelände der
Hauptzentrale von Seicho-No-Ie*

Archivfoto

Guido Bürkner am Ziel.
Auf dem Gipfel des Fuji-San (3376 m)

Foto: G. Bürkner

Der große Krater des Vulkanberges

Foto: G. Bürkner

Der große Buddha auf dem Berg Nokogi

Archivfoto

Ein Traum wurde wahr

Guido Bürkner (in meinem Vorwort zitiert), der studierte Japanologe, hatte das seltene Glück erlebt, während seines spirituellen Studienaufenthaltes in Japan mit Kollegen und Freunden bei einer Bergbesteigung des heiligen Fuji-San bis zum Gipfel in 3776 m Höhe teilnehmen zu können.

Er notierte in sein englisch abgefasstes Tagebuch u.a.: „Ab und zu machte ich eine kurze Pause, indem ich mich auf irgendeinen Stein setzte oder ein paar Minuten unterwegs stehen blieb. Besonders toll fand ich eine Stelle, die genau in den Wolken lag und schrieb ein Haiku (5–7–5 Silben) von diesem Eindruck am 17. 7. 2010

I am in the clouds –
how wonderful walking is
on the Fuji-San!

Am nächsten Morgen realisierte ich, dass ich an Gesicht und Händen einen Sonnenbrand hatte (wie andere Teilnehmer auch). Für die Besteigung des Fuji-San –Vulkans bis an die Spitze, war mir das wert."

Guido Bürkner, M.A.

XIII

Jeder Tag
sollte ein Dankfest sein

Stille Nacht

In der Heiligen Nacht tritt man gern einmal aus der Tür und steht allein unter dem Himmel, nur um zu spüren, wie still es ist, wie alles den Atem anhält, um auf das Wunder zu warten.

Auf den Höfen sieht man schwebende Lichter als hätten sich die Sterne gelöst und wanderten nun zu Tal. Das sind die Laternen der Leute, die vom Berg herab zur Mette gehen.

Und plötzlich schlagen die Glocken, freudevoll zusammen und die Kirche erstrahlt in hundertfältigem Glanz. GLORIA singt der Pfarrer mit aller Gewalt. Gloria in excelsis Deo. Und die Leute fallen ins Knie, und es sind wieder Hirten und Bauern, wie damals in der gesegneten Stunde.

Nachher singen die Frauen auf dem Chor und der Pfarrer hält auch inne, um das Lied zu hören, diese holde Weise von der stillen, heiligen Nacht.

Der sie erfand, war kein großer Meister, sondern auch nur ein geringer Mensch. Dieses eine Mal löste ihm der Engel die Zunge, nachher schwieg er wieder. Aber es ist eine tröstliche Botschaft gewesen; über Grenzen und Zeiten hinaus bewegte sie die Herzen der Menschen.

Und damit ist viel getan, denn alles Heil kommt aus der Stille.

Karl Heinrich Waggerl

Jeder Tag sollte zu einem Dankfest werden, an dem Ihr an alle Gaben denkt, die das Leben euch schenkt:

Den Sonnenschein, das Wasser und die herrlichen Früchte und Pflanzen – alles indirekte Gaben des Großen Schöpfers.

Ich schaue hinter der ganzen Schöpfung das Reich meines Vaters. Es ist zauberhafter als alle Träume der Welt.

Glücklich sind die Menschen, die weise genug sind, ihre Zufriedenheit in der echten Freude und im Frieden einer einfachen Umgebung zu suchen.

Paramhansa Yogananda

Nicht Hammerhiebe
sondern der Tanz
des Wassers rundet
den Kiesel
zur Schönheit.

Rabindranath Tagore

Heimkehr der Seele

Meiner Mutter

Durch tausend Tode
Bin ich gegangen –
Durch tausend Leben
musste ich weh'n –
Durch tausend Tore
führte der Engel
mich zwischen Sterben
und Aufersteh'n!

Und bin ich noch
diese Straße gewandert,
werd ich am letzten
Tempeltor sein, dann
wenn ein steiler Pfad,
mündet zum Gipfel ein.

Lasse dort alles zurück –
Freude und Pein –
geleitet vom Engel
ein Stück
gehe ich ein
in SEIN Licht –
in SEIN Lächeln
in SEIN unendliches
LIEBEN!

Sacimata Musil

Erwacht in euren Zellen
Ihr Kinder alter Zeit;
Lasst eure Ruhestellen,
der Morgen ist nicht weit.

Ich spinne eure Fäden
in einen Faden ein;
aus ist die Zeit der Fehden,
EIN LEBEN sollt ihr sein.

Ein jeder lebt in allen
und all in jedem auch;
EIN HERZ wird in euch wallen
von EINEM Lebenshauch.

Noch seid ihr nichts als Seele,
nur Traum und Zauberei,
geht furchtlos in die Höhle
und neckt die heil'ge DREI.

Novalis

Im Schloß Bremgarten

Wer hat einst die alten Kastanien gepflanzt,
wer aus dem steinernen Brunnen getrunken,
wer im geschmückten Saale getanzt?
Sie sind dahin, vergessen, versunken.

Heute sind es wir, die der Tag bescheint
und denen die lieben Vögel singen!
Wir sitzen um Tafel und Kerzen vereint,
Trankopfer dem ewigen Heute zu bringen.

Und wenn wir dahin und vergessen sind
wird immer noch in den hohen Bäumen
die Amsel sein und singen, der Wind,
und drunten der Fluss an den Felsen schäumen.

Und in der Halle beim Abendschrei
der Pfauen sitzen andere Leute.
Sie plaudern, sie rühmen, wie schön es sei,
bewimpelte Schiffe fahren vorbei,
und es lacht das ewige Heute.

Hermann Hesse

Oh kosmische Schwingung –
offenbare Dich mir als die Stimme
des Unendlichen:
Lass mich intuitiv das
Christus-Bewusstsein in dir
erkennen.

Oh allgegenwärtiger Laut des OM –
Amen! Halle in mir wider
und erweitere meinen körper-
gebundenen Geist, bis er das ganze
Universum umfasst!

Lehre mich den ewigen Herzschlag
der Schöpfung in Dir zu fühlen!

Paramhansa Yogananda

DIE LIEBE IST
DER ENDZWECK DER
WELTGESCHICHTE
UND DAS AMEN
DES UNIVERSUMS!

Novalis

Autorenverzeichnis
(soweit Angaben vorhanden)

Aivanhov Omraam Mikhael (1900 - 1986), Philosoph und Pädagoge, bulgar. Herkunft, lebte ca. 40 Jahre in Frankreich. Der Beitrag „Der Buchstabe tötet" enstammt der Ivor Taschenbuchreihe innerhalb des Prosveta Verlages, der sein Werk betreut.

Andersen Hans Christian (1863 - 1973), dänischer Dichter. Das Märchen „Die Teekanne" entstammt der dreibändigen Taschenbuchausgabe des Insel-Verlags.

Baljit Singh Sant (geb. 1962), Sant Mat Meister. Nachfolger von Sant Thakar Singh, „Es ist nur der physische Körper" und „Wenn ihr bereit seid".

Bierbaum Maria (1897 - 1983), Schwabinger Lyrikerin und Prosadichterin. Ihre Gedichte „Licht – überfließender Spiegel", „Noch einmal" und „Ich hebe den Mund an die Lippe der Wahrheit" sind dem Privatband „Brich aus dem Stein meine Stimme", 1975 erschienen.

Buddha Gautama (563 - 483 v. Ch.), Die Abschnitte „Auf der Reise des Lebens", „Mitleid mit allen Lebewesen" sind dem Werk „Die Lehre Buddhas Bakkyo Dendo" 2007 der Buddhistischen Gesellschaft in Tokyo erschienen (zweisprachig deutsch - englisch).

Bürkner Guido, M.A. (geb. 1974), ist Japanologe, Frankfurt/M. Tokyo (spiritual Training Center der Seicho-No-le). „Ein Traum wurde wahr" ist seinem Tagebuch 2010 entnommen.

Camara Helder (1909 - 1999), war Bischof in Rio de Janeiro. Er setzte sich für die Ärmsten in Brasilien ein. „Sag' ja" stammt aus dem Büchlein"Mach aus mir einen Regenbogen" Pendo Verlag Zürich.

Cardenal Ernesto (geb. 1926) Ordensgeistlicher und Poet. „Schauen" stammt aus seinem Buch „Das Buch der Liebe" beim Hammer Verlag 2009 Wuppertal.

Deshimaru-Roshi Taisen (Zenmeister aus Japan) kam nach Europa, lebte in Frankreich seit 1967, wo er auch verstarb. „Die Kuchenverkäuferin" aus seiner Feder ist dem Büchlein „Za-Zen" 1975 Kristkreiz Berlin 12 Verlag entnommen.

Deichmann Thomas „Die Steinzeit steckt in unseren Knochen" Mitarbeiter bei „Denkanstöße" 2011 bei Piper.

Devi Lalitha – Detiège (geb. 1958 in Afrika), Diplomtänzerin und Tanzpädagogin des klassischen indischen Tanzes, Yoga-Meditation (7 Jahre Studium in Indien), Privatstudio in Kressbronn/B. Beitrag „Der eine Augenblick".

Elbich Renate, Schriftstellerin, „Floras Traum", Mitautorin des Büchleins „Nachtschwärmereien", Planetarium Augsburg 1979.

Fried Erich (geb. 1921 in Wien), Schriftsteller, Literaturpreise im Alter, „Sein Unglück ausatmen können", Mitautor in der Herder-Bücherei.

Gibran Kahlil (1833 - 1931), geboren im Libanon, emigrierte nach USA, Frankreich „Im Herbst sammelte ich", Pattloch Verlag München 2002.

Gloss Don „Gedanken zum Licht", 1933 by Indian University Press.

Goethe Johann Wolfgang von (1749 - 1832), „Gingo Biloba" aus „Mythos Gingko", Buchverlag Für die Frau 2009 Leipzig.

Hebbel Friedrich (1713 - 1853) „Halte das Glück wie einen Vogel".

Hesse Hermann (1877 - 1962), „Rotes Haus im Grünen" und „Im Schloß Bremgarten" aus dem Inseltaschenbuch „Bäume".

Higashiyama Kai (geb. 1908), japan. Maler und Dichter. Katalogbuch Völkerkundemuseum München „Die Quelle erzählt", Selbsterkenntnis eines Malers.

Jaimal Baba Singh (1839 - 1903), Sant Mat Meister, Lehrer von Baba Sawan Singh „All die Ketten".

Jung Walter, Prof. Dr., „Mythos Ginkgo", aus Mythos Ginkgo Buchverlag für die Frau 2009 Leipzig, herausg. von Georg Becher.

Kaiserin Komyo (701 - 758) Japan, „Blumenopfer".

Kirpal Singh Sant (1894 - 1974), Sant Mat Meister, Lehrer von Sant Thakar Singh „Innerhalb eines Lidschlags".

Kirschweng Johannes (1908 - 1951), Sudetendeutscher Dichter. „Die Fahrt im Kreise" und „Die Jahresringe" stammen aus dem Buch „Der goldene Nebel".

Loth Hildegard (1927 - 2010), Spirituelle Malerin und Lyrikerin – Haiku – Märchen. Gedichte „Rhythmus der Freude", „Sternenspur", „Zugvögel", „Bestimmung" aus diversen Privatdrucken.

Luya, Teemeister und Poet (lebte im 8. Jh.), „Die Ballade vom Tee" stammt aus seinem Buch „Cha-Ching" aus dem altchin. übersetzt von Dr. Jian Wang und G. Schmeisser, 2002 edition aktuell beim styria Verlag.

Markus Evangelium, „Die Heilung des Blinden".

de Mello Anthony (1931 - 1987), ind. Pater und Schriftsteller. „Mit anderen Augen sehen", Herderbücherei Freiburg/Br.

Musil Liselott (auch Sacimata), (geb. 1927), Redakteurin, Malerin, Astrologin, Schriftstellerin, lebt am Bodensee (nach Indienaufenthalten u.a.) „Alles ist schon gedacht", Vorwort, „Acintya", „Lord

Krishna", „Zwischen Nacht und Tag", „Geburtstag 2010", „Nacht am Meer", „Für Christa (Haiku)", „Nach dem Fest", „Heimkehr der Seele".

Novalis Friedrich von Hardenberg (1779 - 1801), „Ich sehe dich in tausend Bildern", „Erwacht in euren Zellen", „Die Liebe ist" (gesammelte Werke).

Picasso Pablo (1881 - 1973), Maler und Bildhauer von Weltruf. Weniger bekannt seine Gedichte, wie „4. Nov. 1935" aus seinem Gedichtband, 2007 Deutsche Verlagsanstalt München.

Parag Davorka (geb. 1967), Ergotherapeutin und Heilpraktikerin „Oh wunderbare Welt", „Die Hände".

Rilke Rainer Maria (1875 - 1926) „Mariä Verkündigung" und „Marienverehrung" aus seinem Zyklus „Das Marienleben" (Gesammelte Werke, Insel).

Schweitzer Adalbert (1875 - 1965), evangelischer Theologe, Organist, Philosoph und Arzt, „Dem Leben dienen".

Spölling Nöker Christa (geb. 1950), Dr. phil., war Pfarrerin der bad. Landeskirche. Lebt als freie Schriftstellerin in Karlsruhe, „Der Blick nach oben".

Tagore Rabindranath (1861 - 1943) „Das gestreute Licht der Sonne", „Achtung der stillen Zeit" und „Nicht Hammerhiebe" aus „Indische Weisheiten für jeden Tag", 2009 Fischer Taschenbuch Verlag.

Taniguchi Masaharu, Dr. (1893 - 1986), Autor zahlreicher Bücher, Neugeistlehre „Seicho-No-Ie", „Fügungen" und „Shinsokan" aus „Leben aus dem Geiste", 2007 Schirmer Taschenbuch Darmstadt.

Thakar Singh Sant (1929 - 2005), Sant Mat Meister des inneren Licht- und Tonstromes. „Zum Kern vorstoßen", „Be good - do good - be one" aus „Kraft aus der Stille", 2003 Naam Verlag Augsburg.

Trakl Georg (1877 - 1914), bedeutender Dichter und Bohème, Melancholiker, „Verklärter Herbst" und „Im Park", Gedichte von 1909 - 1914 „In den Nachmittag geflüstert", Marix Verlag Wiesbaden 2009.

Waggerl Karl Heinrich (1897 - 1973), Lehrer und Schriftsteller. „Stille Nacht" aus „Das ist die stillste Zeit im Jahr", Otto Müller Verlag Salzburg 1976.

Walser Martin (geb. 1927), Bodensee-Autor „Zurückgelehnt" aus dem Bildband „Heimatlos" 1997 Verlag Robert Gessler, Friedrichshafen/B.

Weleda-Kalender 2010 „Aufgehoben das Gold" Oktober-Kunstblatt.

Wilhelm Richard (1873 - 1930), Theologe, Sinologie und Missionar, Übersetzungen der Texte des klassischen chinesischen Altertums, „Die Mondfee".

Yogananda Paramhansa (1897 - 1952), spir. Lehrer des Kriya-Yoga, Inder, Poet. „Jeder Tag sollte ein Dankfest werden" und „Oh kosmische Schwingung" aus seinem Buch „Flüstern aus der Ewigkeit", deutsche Ausgabe 1996 Self Realization Fellowship Nürnberg.

Allen Autoren sei Dank
für die einmalige Abdruckgenehmigung,
sowie allen Verlagen,
die mir ebenfalls die Erlaubnis gaben,
Einzelbeiträge zu veröffentlichen.

Liselott Musil

Weitere Bücher von Sacimata Musil

„Liebe dein Leben"
– Abenteuer des Geistes –
152 Seiten, bebildert (2007)
ISBN 978-3-8334-681 15-3

„Liebe dein Leben II"
– finde Frieden und Freude in dir selbst –
112 Seiten, 4 Farbfotos im Text (2008)
ISBN 978-3-8334-8811-5

„Schmetterlinge sind
meine Gedanken"
– über Geburt, Tod und Verwandlung –
112 Seiten, mit 4 chin. Holzschnitten
und alten japan. Tuschzeichnungen (2009)
ISBN 978-3-8370-3098-3

„Laß das Steuern,
laß' das Zagen"
– aufbauende Gedanken für Genesende –
96 Seiten, mit 8 Farbbildern
und Federzeichnungen (2010)
ISBN 978-3-8391-5465-6

Books on Demand GmbH, Norderstedt
http: www.bod.de